911

LES PHILOSOPHES,

COMÉDIE,

EN TROIS ACTES, EN VERS.

Représentée pour la première fois par les Comédiens Français ordinaires du Roi, le 2 Mai 1760.

Par M. PALISSOT DE MONTENOY,

de plusieurs Academies.

Non nos, odium, regnique cupido,
Compulit ad bellum.

Ovid. Métamorphos. liv. v.

Le prix est de trente sols.

A PARIS,

Chez DUCHESNE, Libraire, rue S. Jacques, au-dessous
de la Fontaine S. Benoît, au Temple du Goût.

M DCC LX.

Avec Approbation & Privilège du Roi.

LES
PHILOSOPHES,
COMÉDIE.

ACTEURS.

CYDALISE,	Mlle Dumesnil.
ROSALIE,	Mlle Hus.
DAMIS.	M. de Bellecourt.
VALERE,	M. Grandval.
THEOPHRASTE,	M. Brisard.
DORTIDIUS,	M. Dubois.
MARTON,	Mlle. Dangeville.
CRISPIN,	M. Préville.
M. PROPICE, *Colporteur*,	M. Durancy.
M. CARONDAS,	M. Armand.

La Scene est à Paris.

LES PHILOSOPHES

COMÉDIE.

ACTE PREMIER.

SCENE PREMIERE.

DAMIS, MARTON.

DAMIS.

On, je ne reviens pas d'un semblable vertige.
Rompre un hymen conclu !

MARTON.

Tout est changé, vous dis-je.

A

DAMIS.

Mais encor ?

MARTON.

Mais encor, vous êtes Officier ;
Notre projet n'est pas de nous mésallier.
Nous voulons un Mari taillé d'une autre étoffe;
En un mot, nous prenons un Mari Philosophe.

DAMIS.

Que me dis-tu, Marton ?

MARTON.

Je vous étonne fort ;
Mais ne savez-vous pas que les absens ont tort?
Trois mois ont operé bien des Métamorphoses:
Peut-être dans trois mois verrons-nous d'au-
tres choses.
Vous pourrez reparaître alors avec succès ;
Mais jusques-là, néant. En dépit du procès
Qui devait se finir par votre Mariage,
Sans appel aujourd'hui la pomme est pour le
sage.

DAMIS.

Le moyen que l'on change ainsi dans un moment !

MARTON.

Toute Femme eſt, Monſieur, un animal chan-
    geant.
On pourrait calculer les jours de Cydaliſe
Par les différents goûts dont ſon ame eſt
    épriſe :
Quelquefois étourdie, enjouée à l'excès,
D'autres fois ſérieuſe, & boudant par accès ;
Coquette, s'il en fut, en ſauvant le ſcandale,
Prude à nous étourdir de ſon aigre morale ;
Courant le Bal la nuit, & le jour les Sermons ;
Tantôt les Beaux Eſprits, & tantôt les Bouf-
    fons.
C'étoit-là le bon tems. Mais aujourd'hui que
    l'age
Fait place à d'autres mœurs, & veut un ton
    plus ſage,
Madame a depuis peu réformé ſa maiſon.
Nous n'extravaguons plus qu'à force de raiſon.
D'abord on a banni cette gaité groſſiere,
Délices des Traitans, aliment du Vulgaire ;
A vos ſoupés décens tout au plus on ſourit.
Si l'on s'ennuie, au moins c'eſt avec de l'Eſprit.

Quelquefois on admet, au lieu de Vaudevilles,
De favans Concertos, de grands airs difficiles;
Car il faut bien encore un peu d'amufement.
Mais notre fort, Monfieur, c'eft le raifonne-
　　ment.
Quelque tems, dans le cercle, on parla Poli-
　　tique;
Enfin tout difparut fous la Métaphyfique.

DAMIS.

Quelque chargé que foit ce bizarre tableau,
Je livre Cydalife aux traits de ton pinceau;
Je m'en rapporte à toi. Mais que fait Rofalie?

MARTON.

Ce que nous faifons tous, Monfieur; elle s'en-
　　nuie.

DAMIS.

Aux vœux de mon Rival fon cœur s'eft-il
　　rendu?

MARTON.

Non, ce cœur eft à vous. L'Amour l'a défendu
Contre tous les projets d'un Rival téméraire;
Mais votre fort dépend de l'aveu d'une Mere,

Enforcelée au point que je n'ai plus d'efpoir.
Pardonnez-moi ce mot ; je vois comme il faut
    voir.

DAMIS.

Elle fut mon Amie, & je me flatte encore...

MARTON.

Le Bel Efprit, Monfieur, eft tout ce qu'elle
    adore.
C'eft une maladie inconnue à vingt ans ;
Mais bien forte à cinquante. Encore avec le
    tems,
On pourrait efpérer un retour de fageffe,
S'il en était quelqu'un contre cette faibleffe,
Quand à certains dégrés elle a fait des progrès.
Dans les commencemens, moi - même j'ef-
    pérais ;
Mais fachez tous vos maux & ceux qui vont
    les fuivre.
Entre nous...

DAMIS.

Hé bien ? Quoi ?

MARTON.

Madame a fait un Livre.

DAMIS.

Bon !

A iij

MARTON.

Qui même à présent s'imprime *incognitò.*

DAMIS.

Quelque brochure ?

MARTON.

Non : un volume *in*-quarto.

DAMIS.

Je lui conseille fort de garder l'anonyme.

Mais, dans ces beaux Esprits que Cydalise
      estime,

N'en est-il donc aucun assez droit, assez franc,

Pour lui montrer l'excès d'un travers aussi
      grand ;

Pour la désabuser ?

MARTON.

        Eûx ! ils se moquent d'elle ;

Ils ont tous conspiré de gâter sa cervelle ;

Sur-tout votre Rival. Comme il connaît son
      goût,

Il ne se borne pas à l'applaudir en tout ;

Il la fait admirer par Messieurs ses semblables,

Tous Charlatans adroits, & Flatteurs agréa-
      bles,

Ravis de présider dans sa Société,

D'y porter leurs erreurs, & faisant vanité

De dominer ici fur un efprit crédule,
Qu'ils ont l'art d'aguerrir contre le ridicule.

DAMIS.

Et ce font-là, dis-tu, des Philofophes ?

MARTON.

Oui ;
Du plus grand air encor. Paris en eft rempli.
Mais pour établir mieux leur crédit chez Ma-
    dame,
Et pour mieux pénétrer jufqu'au fond de fon
    ame,
Ils nomment aux emplois vacans dans la mai-
    fon.
Leur choix, toujours guidé par la faine raifon,
Quel qu'il foit, à Madame eft toujours fûr de
    plaire.
Je foupçonne pourtant un certain Sécretaire,
Reçu par Cydalife à titre de Savant,
De n'avoir d'autre emploi que celui d'intri-
    gant,
De recéler un fourbe, & d'être ici pour caufe ;
Mais enfin, tôt ou tard, j'éclaircirai la chofe.

DAMIS.

Quel motif as-tu donc pour en juger fi mal ?

MARTON.

Ou je me trompe fort , ou c'eſt votre Rival
Qui pour ſervir ſes feux ici l'impatroniſe.

DAMIS.

Quel homme eſt-ce ?

MARTON.

Un fripon affeſtant la franchiſe,
Et pourtant, m'a-t-on dit, natif de Pézenas ,
Titré du nom pompeux de Monſieur Caron-
    das ,
Reconnu pour Savant , du moins ſur ſa parole,
Tout hériſſé de Grec & de termes d'Ecole ,
Plaçant à tout propos ce bizarre jargon ,
Et nous citant ſans ceſſe Homere ou Lyco-
    phron.

DAMIS, *riant.*

Ha , ha , ha , ha , ha , ha.

MARTON.

Je peins d'après nature.

DAMIS.

Ce Monſieur Carondas eſt de mauvaiſe au-
    gure ;
Mais avec ton ſecours & celui de Criſpin.....

MARTON.

Quoi ! Crifpin eft ici ?

DAMIS.

Vraiment oui. Mon deffein
Était de vous unir ; tu le fais, & j'efpere
Que tu me ferviras de ton mieux.

MARTON.

Laiffez faire.
Crifpin eft fort adroit ; j'en tirerai parti.

DAMIS.

Je compte fur tes foins.

MARTON.

Oh ! Monfieur, comptez-y.
Je déclare la guerre à la Philofophie.

DAMIS.

Je te devrai, Marton, le bonheur de ma vie.
Mais... ne puis-je un moment ?...

MARTON.

Ah ! je vous vois venir.
Tenez, Monfieur ; l'Amour a fû vous prévenir.
On vient ; c'eft Rofalie.

SCENE II.

ROSALIE, MARTON, DAMIS.

DAMIS.

Après trois mois d'abfence,
Quand je reviens ici, guidé par l'efpérance,
Réclamer une foi promife à mon ardeur,
On m'apprend qu'un rival, jaloux de mon
        bonheur,
Ôfe me difputer le feul bien où j'afpire,
Qu'avec lui, contre moi, votre mere confpire.
Ah! raffurez du moins mon cœur défefperé.

ROSALIE.

Doutez-vous que le mien en foit moins pé-
        nétré?
Je vois avec douleur ce changement extrême,
Je fouffre autant que vous ; mais enfin je vous
        aime.

A ce titre du moins quelque espoir m'est permis.

Qui pourrait réfifter à deux amans unis ?

Ma mere vous aimait. En vous voyant, peut-
 être,

Dans fon cœur combattu, l'amitié va renaître.

Sur ce cœur autrefois j'avais plus de pouvoir,

Je le fçais ! c'eft à vous, Damis, de l'émou-
 voir ;

Allez, & pour combler le bonheur que j'efpere,

Que je vous doive encor les bontés de ma mere.

MARTON.

Beaux fentimens ! mais moi je ne m'y fierais
pas.

ROSALIE.

Laiffe-moi mon erreur.

MARTON.

     Non : c'eft par des combats

Qu'il faut à la raifon ramener Cydalife.

DAMIS.

Encore eft-il permis de tenter l'entreprife.

      À vj

MARTON.

Oui ; c'eſt un beau moyen, des ſoupirs & des
 pleurs !

Oh ! la Philoſophie endurcit trop les cœurs.

ROSALIE.

Je ne l'aurais pas cru ! mais pourtant, ſi ma mere
M'immolait ſans retour aux deſſeins de Valere,
Si ce projet enfin était bien averé ,
Pourquoi juſqu'à préſent n'eſt-il pas déclaré ?
Qui peut la retenir ?

MARTON.

      J'entrerais en colere.
Elle n'a pas encor fait venir le Notaire,
Il eſt vrai ; les témoins ne ſont pas invités ,
Daccord; il manque auſſi quelques formalités,
J'y conſens ; il ſe peut d'ailleurs que la journée
Ne ſoit pas fixément encor déterminée ;
J'en conviens. Cependant ne ſouffre-t-elle pas
L'hommage aſſez public qu'il rend à vos appas ?
N'en êtes-vous pas même à toute heure ob-
 ſedée ?
Mais non ; je me trompais : ce n'était qu'une
 idée.

ROSALIE.

Hélas ! peux-tu, Marton, me défoler ainfi ?

MARTON.

J'avais rêvé.

DAMIS.

Marton....

MARTON.

Contes que tout ceci,
Propos en l'air.

DAMIS.

Marton....

MARTON.

Vifion chimérique,
Abfurde.

ROSALIE.

Mais, Marton....

MARTON.

Non, c'eft terreur panique ;
Illufion, vous dis-je.

ROSALIE.

En vérité, Marton ;
Ce cruel badinage eft bien peu de faifon.

MARTON.

J'avais tort.

ROSALIE *, faisant un mouvement pour sortir.*

Tu poursuis ? Hé bien ! je....

DAMIS *, l'arrêtant.*

Rosalie.

ROSALIE.

Non, Monsieur, c'en est trop.

DAMIS.

Demeurez, je vous prie.

MARTON.

Ah ! vous vous fâchez donc ? Vraiment, c'est
très-bien fait.

Mais raisonnons un peu. Dites-moi, s'il vous
plaît,

Fallait-il vous tromper ? Je sçais bien que le
doute

Suspend l'impression des maux que l'on re-
doute,

Qu'il est très-naturel d'éloigner le danger,

Et de rendre toujours son fardeau plus leger.

Moi-même à vous flatter je serais la premiere.

J'aurais soin de fermer les yeux à la lumiere,

Sans l'intérêt pressant qui me parle pour vous.

Pardonnez ; mais, ma foi, les amans sont des
foux.

Tranquilles fans raifon, défefpérés fans caufe,

Dans un jufte équilibre aucun ne fe repofe,

Et le fang froid fouvent les confeille bien
mieux,

Que cet Amour qu'on peint un bandeau fur
les yeux.

DAMIS.

Comment! Voilà, parbleu, de la Philofophie!

MARTON.

On apprend à heurler, dit-on, de compagnie,

En fréquentant les loups. Le proverbe a raifon.

C'eft un mal répandu dans toute la maifon,

Mais perdons un moment cette idée impor-
tune?

(A Rofalie.)

Çà, faifons notre paix. Vous ferez fans ran-
cune ?

Vous me le promettez ?

ROSALIE.

Oh! je te le promets.

MARTON.

Et moi d'être attentive à tous vos intérêts.

Vous, Monfieur, qui fans foins & fans
trouble dans l'ame,

Pafferiez votre vie à regarder Madame,

Il faut battre en retraite , & même promp-
     tement.
Songez qu'il eſt grand jour dans cet apparte-
     ment ,
Que nous pourrions ici riſquer quelque ſurpriſe,
Et qu'il faut vous montrer dabord à Cydaliſe,
Avant que de penſer à d'autres rendez-vous.
               DAMIS.
Je cours m'y diſpoſer , dans un eſpoir ſi doux.
Je remets en tes mains le bonheur de ma vie.
Vous que j'adore , adieu , ma chere Roſalie.

SCENE III.

ROSALIE, MARTON.

MARTON.

VOus, ſoyez ſans foibleſſe. Allons, point
     de langueur.
La fermeté, Madame, en impoſe au malheur.
               ROSALIE.
Si tu pouvois ſentir combien je hais Valère !
               MARTON.
Oui : Damis ſort d'ici. Mais c'eſt à votre mère

Qu'il importe furtout de parler avec feu.
Si vous aimez Damis, ce fut de fon aveu ;
Je le fuppofe au moins.

ROSALIE.

Certainement.

MARTON.

Les Filles
Ne font rien, comme on fait, fans l'avis des
   familles,
C'eft la régle. Il faut donc déclarer fans détour
Pour l'un tous vos mépris, pour l'autre votre
   amour.

ROSALIE.

Oh ! oui.

MARTON.

Vous fentez-vous cette fermeté d'ame ?

ROSALIE.

Affurément, Marton.

MARTON, *malignement.*

Allons, j'entens Madame.

ROSALIE, *effrayée.*

Ah ! Marton. . . .

MARTON.

Comment donc ! c'eft très bien débuter.
Cela promet.

ROSALIE.

Auffi, pourquoi m'épouvanter?
L'Amour dans le befoin me rendra du courage.

MARTON, *la contrefaifant.*

L'Amour! oui vous ferez tous deux de bel ou-
vrage.
Il y paraît vraiment, à cet air d'embarras,
Qu'un mot dit au hazard...

ROSALIE.

Mais enfin tu verras.

MARTON.

Ce n'eft point à l'Amour à vous tirer de peine,
Il eft trop mal adroit. Penfez à votre haine ;
Voilà le fentiment qui doit vous infpirer,
Dont il eft important de vous bien pénétrer.
Je ne fais fi l'amour, que d'ailleurs je révére,
Eft de nos paffions en effet la plus chere ;
Mais ce n'eft que faibleffe, & que timidité.
La haine n'eft qu'ardeur & que vivacité.
L'un abbat, l'autre anime, & dans un cœur
femelle,
Ma foi, je la croirais beaucoup plus naturelle.
Vous ne connaiffez pas encor ce fentiment.
Que votre cœur l'éprouve aujourd'hui feule-
ment.

Tenez, j'aime Crifpin, & je fens pour Valère...
Mais, ce n'eft plus un jeu, j'apperçois votre
mere.

ROSALIE.

Tu me foutiendras ?

MARTON.

Oui.

SCENE IV.

CYDALISE, ROSALIE, MARTON.

CYDALISE.

REtirez-vous, Marton.
Prenez mes clés, allez renfermer mon Platon.
De fon monde idéal j'ai la tête engourdie.
J'attendais à l'inftant mon Encyclopédie;
Ce Livre ne doit plus quitter mon Cabinet.

A Rofalie.

Vous, demeurez; je veux vous parler en fecret.

A Marton.

Laiffez-nous.

MARTON, *à Rosalie.*

Allons, ferme, & montrez du courage.

CYDALISE.

Obéissez, Marton.

SCENE V.

CYDALISE, ROSALIE.

CYDALISE.

Vous êtes belle & sage,
Rosalie, & pour vous j'eus toujours des bontés.
Je vais connaître enfin si vous les mérités.
Je ne consulte point ce sentiment vulgaire,
Amour de préjugé, trivial, populaire,
Que l'on croit émané du sang qui parle en nous,
Et qui n'est, dans le fond, qu'un mensonge assez
   doux,
Une faiblesse...

ROSALIE.

Hé quoi ! la voix de la nature,
Quoi ! cette impression si touchante & si pure,

Ce premier des devoirs, cet augufte lien,
(Je définirai mal ce que je fens fi bien,)
N'importe, fè peut-il que le cœur de ma mère
Méconnaiffe aujourd'hui ce facré caractère ?
Ah ! rappellez pour moi vos fentimens paffés.
En les analyfant, vous les affaibliffez.

CYDALISE.

J'ai cru, tout comme une autre, à ces vaines
    chimeres,
Dignes du gros bon-fens qui conduifait nos
    péres.
Crédule, heureufe même en mon aveugle-
    ment,
Automate abufé, je fuivais le torrent.
Je commence à fentir, à penfer, à connaître.
Si je vous aime enfin, c'eft en qualité d'*Etre*:
Mais vous concevez bien qu'un autre individu
N'aurait à mes bontés qu'un droit moins
    étendu.

ROSALIE.

Vous déchirez mon cœur. Ah ! permettez,
    Madame,
Souffrez qu'à vos genoux votre fille réclame

Un droit plus légitime & des titres plus doux.
Pourquoi briser les nœuds qui m'attachaient à
vous ?
Jugez de leur pouvoir à mon trouble, à mes
larmes.

CYDALISE, *un peu émue.*

Ma fille !... Hé quoi ! pour vous l'erreur a tant
de charmes !
Vous me faites pitié. Confultez la Raifon.
Ces puérilités ne font plus de faifon.
Je reconnais vos droits fur le cœur d'une mère ;
Mais je les annoblis, & fi je vous fuis chère,
Si j'ai fur vous auffi quelques droits à mon
tour
J'en exclus le hazard, qui vous donna le jour.

ROSALIE.

Je ne puis foutenir ce funefte langage.
Il fait à toutes deux un trop fenfible outrage.
Qui? Moi ! Le penfez-vous, que je puiffe jamais
Oublier que ma vie eft un de vos bienfaits ?
Non...

CYDALISE.

Le foin que j'ai pris de votre intelligence
Doit mériter, fur-tout, votre reconnaiffance ;

Voilà le digne objet où tendent tous mes
    vœux.
Vous apprendre à penser, voilà ce que je veux.
Concevez le bonheur d'étendre son génie,
D'ouvrir l'œil aux clartés de la Philofophie,
De diffiper la nuit où vos fens font plongés,
D'affranchir votre efprit du joug des préjugés!
Ce grand art d'exifter, qui n'appartient qu'au
    fage,
Dont je connais enfin le folide avantage,
Ce jour de la Raifon, dont j'ai fû m'éclairer,
Ma Fille, mon amour veut vous le procurer.

J'avais avec Damis conclu votre hyménée.
De legers intérêts m'avaient déterminée.
Des rapports de fortune, un procès à finir,
Je me fouviens qu'alors tout femblait vous
    unir.
C'eft ainfi que fe font la plûpart des affaires ;
Mais enfin, aujourd'hui je romps ces nœuds
    vulgaires.
Damis a du bon fens, des vertus, de l'honneur,
Il a ce que le monde exige à la rigueur :

Tout mortel n'eſt pas fait pour aller au ſublime ;

Dans le fond , cependant, on lui doit de l'eſtime :

Mais je vous dois auſſi , ma fille ; un autre
Epoux,

Beaucoup plus convenable & plus digne de
vous.

Valere a ce qu'il faut pour plaire & pour ſé-
duire ,

C'eſt peu de vous aimer , il ſçaura vous inſ-
truire ;

En un mot , c'eſt de lui que mon cœur a fait
choix.

ROSALIE.

Ainſi , vous oubliez que Damis autrefois

Eut votre aveu , Madame , & celui de mon
pere ?

CYDALISE.

Votre pere ! il eſt vrai que je n'y ſongeais
guere.

Plaiſante autorité que la ſienne en effet !

L'Etre le plus borné que la nature ait fait.

Nul

Nul talent, nul essor, espece de machine
Allant par habitude, & pensant par routine,
Ayant l'air de rêver & ne songeant à rien,
Gravement occupé du détail de son bien,
Et de mille autres soins purement domes-
    tiques;
Défenseur ennuyeux des préjugés gothiques,
Sauvage dans ses mœurs, alliant à la fois
La morgue de sa robe au ton le plus bourgeois;
Ne s'énonçant jamais qu'avec poids & mesure,
Et qui toujours grimpé sur la magistrature,
Hors de son tribunal, aurait cru déroger;
Ayant, comme Dandin, la fureur de juger.
Mais il est mort enfin, laissons en paix sa
    cendre.

ROSALIE.

Ah! Madame, songez....

CYDALISE.

           Allez-vous le défendre?
Un pere n'est qu'un homme, & l'on peut sen-
    sément
Remarquer ses défauts, en parler librement.

ROSALIE.

Si ce sont-là les droits de la Philosophie,

B

Souffrez que j'y renonce,& pour toute ma vie,
Je perdrais trop, Madame, à m'éclairer ainsi;
J'ose vous l'avouer. Daignez permettre aussi
Qu'en faveur de Damis je vous rappelle encore
Vos premieres bontés que votre fille implore.

CYDALISE.

Non, Valere est l'Amant que j'ai choisi pour
    vous,
Ma fille, & dès ce soir il sera votre Epoux.
Ces nœuds embelliront le cours de votre vie.
Quant à vos préjugés sur la Philosophie,
Contre eux, à mon exemple, il faut vous
    aguerir.
Le tems & la raison sauront vous en guérir.
Vous êtes dans cet âge où l'on commence à
    vivre,
Tout fait ombrage alors; mais vous lirez mon
    livre.
J'y traite en abrégé de l'Esprit, du bon sens,
Des passions, des Loix, & des Gouvernemens;
De la vertu, des mœurs, du climat, des
    usages,
Des peuples policés & des peuples sauvages;

Du défordre apparent, de l'ordre univerfel,
Du bonheur idéal & du bonheur réel.
J'examine avec foin les principes des chofes,
L'enchaînement fecret des effets & des caufes.
J'ai fait exprès pour vous un chapitre profond,
Je veux l'intituler : *Les devoirs tels qu'ils font*
Enfin, c'eft en morale une Encyclopédie,
Et Valere l'appelle un Livre de génie.
Vous ferez trop heureufe avec un tel Epoux.
Un jour vous connaîtrez ce que je fais pour
      vous ;
Vous m'en remercîrez. Adieu, Mademoifelle,
Songez à m'obéir.

SCENE VI.
ROSALIE, MARTON.

ROSALIE, *fans voir Marton.*

QUELLE douleur mortelle !
Que réfoudre? Que faire? Ah ! te voilà, Marton.
MARTON.
Ouï, j'ai tout entendu. Mais quelle déraifon !

Quel travers !

ROSALIE.

Je n'ai plus qu'à mourir.

MARTON.

Badinage :

Mourir ! Vous vous moquez , & ce n'eſt plus
l'uſage.

On ne le ſouffre pas même dans les Romans.

ROSALIE.

Mais enfin....

MARTON.

Calmez-vous , & reprenez vos ſens.
Cette criſe , après tout , vous l'aviez attendue ?

ROSALIE.

Mon ame en ce moment n'en eſt pas moins
émue.

MARTON.

Préſumez vous ſi peu du ſuccès de mes ſoins ?

ROSALIE.

Ah ! Marton....

MARTON.

Commencez par vous affliger moins.
Si vos vœux ſont comblés , dites-moi , je vous
prie ,
A quoi ce beau chagrin vous aura-t-il ſervie ?

ROSALIE.

Oui, si tu réussis ; mais qui m'en répondra ?

MARTON.

Vous pleurerez alors autant qu'il vous plaira ,
Je vous aiderai méme , & n'aurai rien à dire ;
Mais jusqu'à ce moment, qui vous défend de
    rire ?
A tout événement, c'est toujours fort bien fait,
Et quand tout irait mal , je crois qu'il le fau-
    drait.
Du moins c'est mon humeur. Le chagrin incom-
    commode.
Je le crois inutile , & j'en suis l'antipode.
C'est à quoi dans la vie il faut le moins songer,
Et l'on a toujours tort, quand on veut s'affliger.
    Mais allons concerter quelque heureuse
      saillie ,
Venez , & nous verrons si la Philosophie ,
Quelque soit son crédit , pourra dans ce grand
    jour
Tenir contre Marton, & Crispin, & l'Amour.

Fin du premier Acte.

B iij

ACTE II.

SCENE PREMIERE.

VALERE, M. CARONDAS.

VALERE.

Frontin.

M. CARONDAS.

Ce maudit nom fera quelque méprise,
Je vous l'ai déjà dit, & devant Cydalise
Il vous arrivera de me nommer ainsi.
Frontin! pour un Savant le beau nom! songez-y,
Monsieur, il ne faudrait que cette étourderie
Pour donner du dessous à la Philosophie.

VALERE.

D'accord.

M. CARONDAS.

Il faut d'ailleurs supprimer entre nous
Les tons trop familiers, puisqu'enfin, selon
vous,

Les hommes font égaux par le droit de nature,
Je fuis, quoique Frontin, votre égal.

VALERE.

Je te jure
Que c'eft mon fentiment.

M. CARONDAS.

Moi, je l'approuve fort.
J'avais toujours penfé que les Loix avaient
tort ;
Et même Cydalife, en un certain Chapitre,
Ne prouve point trop mal à mon gré...

VALERE.

Le beau titre
Que l'avis d'une folle à qui dans un moment
On ferait adopter tout autre fentiment ;
Qui ne fçait que des mots, & n'a rien dans la
tête.

M. CARONDAS.

Mais entre nous, Monfieur, fon Livre eft-il
fi bête ?

VALERE.

Pitoyable.

M. CARONDAS.

Le ftile....

B iv

VALERE.

Ennuyeux à l'excès.

M. CARONDAS.

Vous la flattez pourtant du plus brillant succès.

VALERE.

Sans doute.

M. CARONDAS.

Et le Public?

VALERE.

Nous savons lui prescrire

Comment il faut penser, parler, juger, écrire;

Nous le déciderons aisément.

M. CARONDAS.

D'accord ; mais

Il faut l'apprivoiser, le flatter.

VALERE.

Non, jamais.

Il est, pour le gagner, des méthodes plus sûres.

M. CARONDAS.

Le moyen ?

VALERE.

Par exemple, on lui dit des injures·

C'est un expédient par nos Sages trouvé ;

Le secret est certain, nous l'avons éprouvé.

Dans peu, tu le verras toi-même avec surprise,

Nous porterons aux Cieux le nom de Cydalise;
Cinq ou six traits hardis, révoltans, scandaleux,
Produiront dans son Livre un effet merveil-
　　leux.
Il faut les ajouter.

M. CARONDAS.

　　　　　Bon ! la ruse est nouvelle !
Et comment lui prouver que ces traits-là sont
　　d'elle.

VALERE.

Et le reste en est-il ? D'abord avec pudeur
Elle s'en défendra, puis s'en croira l'Auteur.

M. CARONDAS.

Je ne sais ; mais pour moi, je rougirois dans
　　l'ame....

VALERE.

As-tu donc oublié que Cydalise est femme ?
Crois-moi, suppose encore un piége plus gros-
　　sier,
L'amour propre est crédule, & l'on peut s'y fier.
Les femmes sur ce point sont même assez sin-
　　ceres.

M. CARONDAS.

Messieurs les beaux esprits ne leur en doivent
　　gueres.　　　　　　　　　　　B v

Mais enfin vous croyez qu'avec cinq ou fix
     traits
Nous devons nous attendre au plus heureux
     fuccés ?
VALERE.

Sans doute , & cette idée , entre nous , n'eft
     pas neuve.
Le Livre de Cratès n'en eft-il pas la preuve ?
Jamais production ne prit un tel eſſor.
Chacun ſe l'arrachait, on ſe l'arrache encor:
Pour Livre dangereux partout on le renomme,
Et pourtant nous ſavons que Cratès eſt bon
     homme.

M. CARONDAS.

Il eſt vrai.

VALERE.

     Cydaliſe aura plus de faveur.
On ne juge jamais ſon ſexe à la rigueur.
Quelques-uns de ces traits qu'on ſe dit à l'o-
     reille,
Au Public hébété feront crier merveille !
Je veux que Cratès même en devienne jaloux,
Et rien n'eſt plus aiſé, nous la protégeons tous.

M. CARONDAS.

Hé bien, quoique nourri, Monsieur, à votre
    école,
J'avais, tout bonnement, admiré sur parole
Et l'ouvrage & l'Auteur. Car enfin, mot à mot
Elle n'a rien écrit que d'après vous.

VALERE.

Le sot ! -

M. CARONDAS.

Mais pour ces beaux endroits ajoutés à son
    Livre,
Si les Loix s'avisaient, Monsieur, de nous
    poursuivre.

VALERE.

Elle aurait le plaisir de s'entendre louer ;
N'est-ce rien ? Quitte après à tout désavouer,
D'ailleurs l'amour du vrai va jusqu'à l'hé-
    roïsme.
Ces grands mots imposans d'*erreur*, de *fana-*
    tisme,
De *persécution*, viendraient à son secours.
C'est un ressort usé qui réussit toujours.
N'avons-nous pas encor l'exemple de Socrate
Opprimé, condamné par sa Patrie ingrate ?
Tous nos admirateurs parleroient à la fois.

B vj

M. CARONDAS.

Mais, Monſieur, ce Socrate obéiſſait aux
  Loix.

VALERE.

Oui, la Philoſophie encor dans ſon enfance
Des préjugés du moins conſervait l'appa-
  rence ;
Mais nous n'en voulons plus.

M. CARONDAS.

    Tout devient donc permis ?

VALERE.

Excepté contre nous & contre nos amis.

M. CARONDAS.

Vive le bel Eſprit & la Philoſophie !
Rien n'eſt mieux inventé pour adoucir la vie.

VALERE.

Comment ! ſur des rochers on plaçait la Vertu ?
Y grimpait qui pouvait. L'homme était mé-
  connu.
Ce Roi des animaux, ſans guide & ſans bouſ-
  ſole,
Sur l'Océan du monde errait au gré d'Eole ;
Mais enfin nous ſavons quel eſt ſon vrai mo-
  teur.

L'homme est toujours conduit par l'attrait du
    bonheur,
C'est dans ses passions qu'il en trouve la source.
Sans elles, le mobile arrêté dans sa course,
Languirait tristement à la terre attaché.
Ce pouvoir inconnu, ce principe caché,
N'a pû se dérober à la Philosophie,
Et la Morale enfin est soumise au génie.
Du globe où nous vivons Despote universel,
Il n'est qu'un seul ressort, l'intérêt personnel;
A tous nos sentimens, c'est lui seul qui préside;
C'est lui qui dans nos choix nous éclaire &
    nous guide.
Libre de préjugés; mais docile à sa voix,
Le Sauvage attentif le suit au fond des bois.
L'homme civilisé reconnaît son empire;
Il commande en un mot à tout ce qui respire.

M. CARONDAS.

Quoi! Monsieur, l'intérêt doit seul être écouté?

VALERE.

La Nature en a fait une nécessité.

M. CARONDAS.

J'avais quelque regret à tromper Cydalise;
Mais je vois clairement que la chose est per-
    mise.

VALERE.

La Fortune t'appelle, il faut la prendre au mot.

M. CARONDAS.

Oui, Monſieur.

VALERE.

La franchiſe eſt la vertu d'un ſot.

M. CARONDAS, *ſe diſpoſant à le voler.*

Oui, Monſieur.... mais toujours je ſens quel-
    que ſcrupule

Qui voudrait m'arrêter.

VALERE.

Préjugé ridicule,

Dont il faut s'affranchir!

M. CARONDAS.

Quoi! véritablement?

VALERE.

Il s'agit d'être heureux, il n'importe comment.

M. CARONDAS.

Tout de bon?

VALERE.

Mais ſans doute, en flattant Cydaliſe,

Tu remplis un devoir que l'uſage autoriſe.

Ne faut-il pas flatter quand on veut plaire aux
    gens?

Bien voir ſes intérêts, c'eſt être de bon ſens.

Le superflu des fots eft notre patrimoine.
Ce que dit un Corfaire au Roi de Macédoine,
Eft très-vrai dans le fond.

  M. CARONDAS, *fouillant dans la*
        poche de Valere.
     Oui, Monfieur.

    VALERE.

       Tous les biens,
Devraient être communs ; mais il eft des
  moyens.
De fe venger du fort. On peut avec adreffe
Corriger fon étoile, & c'eft une faibleffe
Que de fe tourmenter d'un fcrupule éternel.
Valere s'appercevant que Carondas veut le voler.
Mais que fais-tu donc là ?

    M. CARONDAS.

      L'intérêt perfonnel....
Ce principe caché... Monfieur... qui nous inf-
  pire,
Et qui commande enfin à tout ce qui refpire...

    VALERE.

Quoi! traître, me voler !

    M. CARONDAS.

     Non. J'ufe de mon droit,
Tous les biens font communs.

VALERE.

Oui, mais fois plus adroit.

Il est certains malheurs auxquels on se ha-
    zarde,

Lorsque l'on est surpris.

M. CARONDAS.

Monsieur, j'y prendrai garde.

VALERE.

Ceci, Monsieur Frontin, doit être une leçon;

Mais puisqu'il ne faut plus vous nommer de
    ce nom,

Songez à me servir auprès de Cydalife.

Jusqu'ici, tout va bien; sa Fille m'est promise.

Vous savez là-dessus quels sont mes sentimens,

Ainsi continuez de flatter ses talens.

Vos termes de Collége ont produit des mer-
    veilles;

Il faut de plus en plus étourdir ses oreilles,

De ce jargon savant qui vous a réussi.

Vous êtes sans Fortune, & vous pouvez ici

Vous faire un petit sort que j'aurai soin d'é-
    tendre,

Si mes vœux ont l'effet que j'ai droit d'en at-
    tendre.

Adieu, soyez discret, je serai généreux.

SCENE II.

M. CARONDAS, *seul.*

MON premier coup d'essai n'est pas des
    plus heureux.
Je suis encor trop loin d'atteindre mon mo-
    dele,
Et c'est au second rang que le Destin m'ap-
    pelle.

SCENE III.

CYDALISE, M. CARONDAS.

CYDALISE, *sans voir M. Carondas.*

ME voilà parvenue à m'en débarrasser.
Que l'oisiveté pèse alors qu'on veut penser !
Parmi tous ces fâcheux dont j'étais obsedée,
Je n'ai pas entrevû le germe d'une idée.
On ne peut à ce point outrager le bon sens ;
Mais il faut tout souffrir de Messieurs ses parens.
    (*A M. Carondas.*)
Ah ! vous êtes ici. Bon ! prenez votre place.

Mon Livre va paraître, on attend la Préface,
Il faut y travailler. J'aurais voulu pourtant
Que nous euſſions Valere.

M. CARONDAS.

Il me quitte à l'inſtant,
Et nous parlions de vous, Madame, avec
ivreſſe.

CYDALISE.

Vous parliez de mon Livre ?

M. CARONDAS.

Il en parle ſans ceſſe.
C'eſt, dit-il, un Brevet pour l'Immortalité;
Vous allez éclipſer la doĉte Antiquité.
Je n'oſe avec le ſien meſurer mon ſuffrage ;
Mais l'admiration me prend à chaque page.

CYDALISE.

Vous en êtes content ?

M. CARONDAS.

Mon eſprit s'y confond.
Votre Livre eſt nourri d'un ſavoir ſi profond
Que vous me feriez croire au Démon de So-
crate.

CYDALISE.

Vous vous y connaiſſez.

M. CARONDAS.

Oui, Madame, on m'en flatte.

Mais apprenez-moi donc comment cela se fit ?
Il faut que vous sachiez tout ce qui s'est écrit.

CYDALISE.

Avec nombre de gens je me suis rencontrée,
Et c'est un pur hazard.

M. CARONDAS.

       Vous étiez inspirée.
Quoi ! vous n'avez pas lû le Savant *Vossius* ?

CYDALISE.

Non, jamais.

M. CARONDAS.

   Casaubon ?

CYDALISE.

     Encor moins.

M. CARONDAS.

         Grotius ?

CYDALISE.

Point du tout. Sont-ce-là les Livres d'une
   Femme ?

M. CARONDAS.

Ma foi, de plus en plus vous m'étonnez, Madame,
Quoi ! rien de tout cela ?

CYDALISE.

     Non, rien, vous dis-je, rien.

M. CARONDAS.

Mais vous parlez des Loix mieux que Tribonien.

Oh ! pour Tribonien, convenez....

CYDALISE.

Je l'ignore.

M. CARONDAS.

Vous connaissez du moins Thalès, Anaxa-
gore ?

CYDALISE.

Non.

M. CARONDAS.

Le Fils naturel ?

CYDALISE.

Pour celui-là, d'accord.

Ce sont de ces écrits qu'il faut citer d'abord.

M. CARONDAS.

Je ne veux point ici m'ériger en Arbitre ;
Mais j'en aurais jugé, comme vous, sur le titre.

CYDALISE.

C'est aussi mon avis, & je crois qu'en effet
Un Ouvrage excellent s'annonce au moindre
trait.
C'est un je ne sais quoi... dont notre ame est
saisie ...
Cela se sent.... enfin c'est l'attrait du Génie.

M. CARONDAS.

J'entens. C'est à peu près la vapeur d'un ragoût
Qui réveille à la fois l'odorat & le goût.

CYDALISE.

Oui; la comparaison est pourtant trop vulgaire.

M. CARONDAS.

Elle est de Lycophron.

CYDALISE.

Ah ! c'est une autre affaire.

Venons à ma Préface. Allons, je vais dicter.

(*Après un silence & avec emphase.*)

Ecrivez. *J'ai vécu* *. Non, c'est mal débuter.

Effacez, *j'ai vécu*. Mettez-vous à votre aise.

(*Avec de l'aigreur.*)

Ah ! Monsieur Carondas, votre plume est
    mauvaise.

(*Elle rêve.*)

J'ai vécu ne vaut rien.

M. CARONDAS.

Je m'en contenterais.

J'ai vécu, dit beaucoup !

CYDALISE.

Non, Monsieur, je voudrais

Un début plus pompeux & plus Philosophique.

M. CARONDAS.

Cette simplicité, Madame, est énergique.

CYDALISE, *rêvant.*

Non, non, je cherche un tour qui soit moins
    familier.

---

* Commencement du Livre intitulé : *Considérations sur
les Mœurs.*

(*Avec humeur.*)

On n'a jamais écrit fur de pareil papier.

Effacez donc, Monfieur ; votre encre eft détef-
ftable.   (*Elle rêve.*)

Je ne pourrai trouver un tour plus favorable !
(*Avec impatience.*)

Ah ! Valere , après tout , devrait bien être ici.

Je ne me fens jamais tant d'efprit qu'avec lui.
(*Elle rêve.*)

Quoi ! pas même une idée ? Ah ! je fuis au
fupplice.

M. CARONDAS.

Madame , le génie a fes jours de caprice ,

Et ceci me rappelle un mot de Suidas ,

Qui dit élégamment...

CYDALISE.

Hé ! Monfieur Carondas,

Laiffez les morts en paix. J'avais un trait fublime ,   (*Elle rêve.*)

Qui m'échappe. Attendez... mais , oui ; ce
tour exprime...
(*Avec impatience.*)

Ecrivez. Non , la phrafe a trop d'obfcurité.

Je ne fentis jamais cette ftérilité.

Quel métier ! finiffons. C'en eft fait , j'y renonce.

L'Imprimeur attendra, portez-lui ma réponfe.
Non, revenez. Enfin je l'ai trouvé : j'y fuis.
Vîte, écrivez, Monſieur : *Jeune homme, prends
& lis* *.

Jeune homme prends & lis. Le tour eſt-il unique?
Qu'en penſez-vous, Monſieur ?

M. CARONDAS.

Sublime, magnifique !
C'eſt le ton du Génie & de la Vérité.

CYDALISE.

J'oublie en le liſant tout ce qu'il m'a coûté.
Jeune homme prends & lis ! il eſt inimitable,
Et Valere en fera d'une joie incroyable.

M. CARONDAS.

D'un doux fremiſſement vous vous ſentez
troubler.
Jeune homme, prends & lis. L'oracle va parler ;
La Nature à tes yeux ici ſe manifeſte.
Non, rien n'eſt ſi ſublime, & pourtant ſi mo-
deſte.

CYDALISE.

Mais que nous veut Marton?

---

* C'eſt le début faſtueux du Livre intitulé : *l'Interprétation de la Nature.*

SCENE IV.

CYDALISE, MARTON, M. CARONDAS.

MARTON.

MADAME, c'eſt Damis,
Qui demande à vous voir.

CYDALISE.

Que ſon tems eſt mal pris !
J'allais finir ſans lui. L'importun perſonnnage!
On ne me permet pas d'achever un Ouvrage.

MARTON.

Valere achevera.

M. CARONDAS.

Qu'appellez-vous finir ?
L'Ouvrage eſt fait, Madame, à n'y plus revenir.
Je le donne en dix ans à nos plus grands génies.

CYDALISE.

Oui, vous avez raiſon. Faites-en vingt copies.
Ah ! je reſpire enfin, & j'ai ſû m'en tirer.
Jeune homme, prends & lis. Oui, Damis peut
entrer.

SCENE V.

SCENE V.

DAMIS, CYDALISE.

CYDALISE.

VOus voilà de retour?

DAMIS.

        Oui, je reviens, Madame,
Pour me plaindre de vous & vous ouvrir mon ame,
Je n'apperçois que trop, & c'eſt avec douleur,
Que j'ai perdu mes droits au fond de votre cœur,
Et que votre amitié s'eſt enfin ralentie ;
Mais la mienne jamais ne s'étant démentie,
Souffrez que je rappelle à votre ſouvenir
Un eſpoir que le tems ne dut pas en bannir.
Vous ſavez à quel point votre fille m'eſt chere ;
C'eſt votre aveu, du moins c'eſt celui de ſon pere,
Qu'en faveur de mes feux je réclame aujourd'hui,
Puiſqu'enfin près de vous j'ai beſoin d'un appui.

CYDALISE.

Le titre, je l'avoue, eſt aſſez légitime ;
Je conviens de mes torts, non pas que mon eſtime,
Ni que cette amitié qui m'attachait à vous,
Ne ſoient encor pour moi des ſentimens bien doux,
Et c'eſt ce que d'abord on aurait dû vous dire :

                        C

Mais j'ai formé des nœuds dont le charme m'attire,
J'ai suivi trop longtems les frivoles erreurs
D'un monde que j'aimais. L'âge a changé mes mœurs,
Aujourd'hui toute entiére à la Philosophie,
Libre des préjugés qui corrompaient ma vie,
N'existant plus enfin que pour la vérité,
Je me suis fait, Damis, une société,
Peu nombreuse, il est vrai : je vis avec des Sages,
Et j'apprends à penser en lisant leurs ouvrages :
J'ai choisi l'un d'entr'eux pour ma fille, & ce soir,
Cette heureuse union doit combler mon espoir,
C'est à vous de juger si, quoique votre amie,
Je dois vous immoler le bonheur de ma vie.

DAMIS.

Non, pour votre bonheur je donnerais mes jours,
Et la même amitié m'inspirera toujours.
Mais quels sont donc enfin ces rares avantages
Attachés, dites-vous, au commerce des Sages.
Je ne prends point pour tels un tas de Charlatans,
Qu'on voit sur des tréteaux ameuter les passans,
Qui mettent une enseigne à leur Philosophie :
De tous ces importans ma raison se défie.
De ce vain appareil le Vulgaire est séduit.
Moi, je suis de ces gens qui font peu cas du bruit,
Et je distingue fort l'ami de la sagesse,
Du pédant qui s'enroue à la prêcher sans cesse.

CYDALISE.

Je sçais tout le mépris que l'on doit aux pédans,
Et ne les confonds pas avec les vrais Savans.
Epargnez-vous, Monsieur, cette satyre amere,
Ceux que je peux nommer, Théophraste, Valere,
Dortidius enfin, font tous affez connus.....

DAMIS.

Je ne connais entr'eux que ce Dortidius.
Quoi ! Madame, il en eft ?

CYDALISE.

D'où vient cette furprife ?

DAMIS.

Je l'ai connu, vous dis-je ; excufez ma franchife :
Apparemment qu'alors il cachait bien fon jeu ;
Mais ce n'était qu'un fot, prefque de fon aveu.
Quelqu'un me le fit voir, & malgré fa grimace,
Et les plats complimens qu'il vous adreffe en face,
Et le fucre apprêté de fes propos mielleux,
Je ne lui trouvai rien de fi miraculeux.
Malgré fon ton capable, & fon air hipocrite,
Je ne fus point tenté de croire à fon mérite,
Et je ne vis en lui pour le peindre en deux mots,
Qu'un froid enthoufiafme impofant pour les fots.

CYDALISE.

Ce jugement fait tort à votre intelligence,
Et ce Dortidius fait honneur à la France ;
Son nom chez les Savans fut toujours en crédit,

Et je ne fçais pourquoi tout le monde én médit.
Mais quittons ce propos. Ces rares avantages,
Dont je fuis redevable au commerce des Sages,
Je dois vous en parler & leur en faire honneur.
Peut-être, après cela, leur tiendrez vous rigueur.
N'importe, il faut du moins apprendre à les con-
    naître.
J'avais des préjugés qui dégradaient mon être ;
Vainement ma raifon voulait s'en dégager,
L'habitude bientôt venait m'y replonger.
Les plus vaines terreurs me déclaraient la guerre,
Je croyais aux efprits, j'avais peur du tonnerre,
Je rougis devant vous de ces abfurdités,
Mais on nous berce enfin de ces frivolités,
Et leur impreffion n'en eft que plus durable.
Notre éducation, frivole, méprifable,
Loin de nous eclairer fur le vrai, ni le faux,
N'eft que l'art dangereux de mafquer nos défauts.
Mes yeux fe font ouverts, hélas ! trop tard peut-
    être !
A ces hommes divins, je dois un nouvel être.
Le hazard préfidait à mes attachemens,
J'étais aux petits foins avec tous mes parens,
Et les dégrés entre eux réglaient les préférences.
Cet ordre s'étendait jufqu'à mes connoiffances.
J'avais tous ces travers, beaucoup d'autres encor ;
Enfin mes fentimens ont pris un autre effor.
Mon efprit épuré par la philofophie

Vit l'Univers en grand, l'adopta pour Patrie,
Et mettant à profit ma fensibilité,
Je ne m'attendris plus que fur l'humanité.

DAMIS.

Je ne fçais, mais enfin duffé-je vous déplaire,
Ce mot *d'humanité* ne m'en impofe guére,
Et par tant de fripons je l'entens répéter,
Que je les crois d'accord pour le faire adopter.
Ils ont quelque intérêt à le mettre à la mode.
C'eft un voile à la fois honorable & commode,
Qui de leurs fentimens mafque la nullité,
Et prête un beau dehors à leur aridité.
J'ai peu vû de ces gens qui le prônent fans ceffe,
Pour les infortunés avoir plus de tendreffe,
Se montrer, au befoin des amis, plus fervens,
Etre plus généreux, ou plus compatiffans,
Attacher aux bienfaits un peu moins d'impor-
    tance,
Pour les défauts d'autrui marquer plus d'indul-
    gence,
Confoler le mérite, en chercher les moyens,
Devenir, en un mot, de meilleurs citoyens ;
Et pour en parler vrai, ma foi, je les foupçonne
D'aimer le genre humain, mais pour n'aimer per-
    fonne.

CYDALISE.

Vous en voulez beaucoup à cette humanité.

DAMIS.

On en abuse trop, & j'en suis révolté.
C'est pour le cœur de l'homme un sentiment trop
     Vaste,
Et j'ai vû quelquefois, par un plaisant contraste,
De ce système outré les plus chauds partisans,
Chérir tout l'Univers, excepté leurs enfans.

CYDALISE.

En vérité, Monsieur, les Sages sont à plaindre,
Et vous êtes pour eux un adversaire à craindre.
Le siécle & la Patrie ont beau s'en applaudir,
Sur le bien qu'ils ont fait il vaut mieux s'étourdir,
Et servir d'interprete & d'organe à l'envie.

DAMIS.

Hé! quel bien a produit cette Philosophie?
Je ne découvre pas ces succès éclatans.
Je vois autour de moi de petits importans,
Qui, pour avoir un ton, enrôlés dans la Secte,
Pensent avoir perdu leur qualité d'insecte.
Se croyant une Cour & des admirateurs,
Pour le malheur des Arts, devenus protecteurs
Ne se réveillant pas aux traits de la satyre,
Et ne devinant rien à ces éclats de rire,
Dont en tous lieux pourtant on les voit poursuivis;
Louant, admirant tout dans les autres Pays,
Et se faisant honneur d'avilir leur Patrie:
Sont-ce là les succès sur lesquels on s'écrie?

CYDALISE.

J'admire vos raisons, elles sont d'un grand poids;
Et vous me citez-là des exemples de choix,
Bien dignes en effet d'appuyer votre cause.
Mais un abus jamais prouva-t-il quelque chose?
Faudrait-il renoncer pour quelques importuns?..

DAMIS.

Madame, ces abus deviennent trop communs.
J'en prévois pour les mœurs d'étranges catastrophes,
Et je suis allarmé de tant de Philosophes.

CYDALISE.

Restez, Monsieur, restez dans votre opinion.
Il n'est point de reméde à la prévention;
A penser autrement vous auriez du scrupule,
Hé! que peut la raison sur un esprit crédule!

DAMIS.

On croit avoir tout dit, Madame, avec ce mot.
Crédule est devenu l'équivalent de *sot*:
Aux yeux de bien des gens, du moins la chose est
claire.
Pour moi, que ces gens-là ne persuadent guére,
Et que leur ton railleur n'épouvanta jamais,
J'ai mon avis, Madame, & si je leur déplais,
J'en gémis, mais sur eux. Je crois ce qu'il faut croire,
J'ose le déclarer, je le dois, j'en fais gloire.
Ces Messieurs peuvent rire, & sans m'humilier:
Il faut bien leur laisser le droit de s'égayer.

Mais moi, j'ofe à mon tour les trouver ridicules,
Et fouvent la bêtife a fait des incrédules.

CYDALISE.

Voilà parler en Sage, & je vous applaudis ;
C'eft très-bien fait à vous que d'avoir un avis.
Mais, fans nous égarer dans ces hautes matieres,
Je fais ce que je dois aux talens, aux lumieres,
De ces hommes de bien que vous perfécutez.

DAMIS.

Ils vous ont donc appris de grandes vérités.
Je ne le croyais pas. Ils ont l'art de détruire,
Mais ils n'élevent rien, & ce n'eft pas inftruire.
Quel fruit attendez-vous de leurs vains argumens ?
Je n'en prévois que trop les effets affligeans.
Vous irez fur leurs pas de fophifme en fophifme,
Vous perdre dans la nuit d'un trifte pyrrhonifme.
Ah ! renoncez, Madame, à ces perturbateurs ;
Ce font eux que l'on doit nommer perfécuteurs.
Abjurez une erreur qui vous eft étrangère,
Et reprenez enfin votre vrai caractère.

CYDALISE.

Vous avez donc tout dit ? J'admire le bon fens,
Et la folidité de vos raifonnemens.
Dans un très-haut éclat votre mérite y brille ;
Mais j'ai pris mon parti. Vous n'aurez point ma fille.
Adieu, Monfieur.   (*Elle fort.*)

DAMIS.

Ah ! Ciel ! Je ne fçais où j'en fuis !

SCENE VI.

DAMIS, CRISPIN.

CRISPIN.

HE ! bien, cette démarche a-t-elle eu d'heureux
   Fruits ?
Epousons nous, Monsieur ? Cydalise, sans doute.....

DAMIS.

Je viens de lui parler, Crispin : mais qu'il m'en
   coûte !
Il me faut renoncer à cet hymen.

CRISPIN.

Comment ?

DAMIS.

Je suis congédié.

CRISPIN.

Quoi ! la . . . formellement ?

DAMIS.

Formellement, Crispin.

CRISPIN.

Comment ! nous sçavons plaire,
Monsieur, & nous ferions éconduits par Valere !
N'est-il point de remede ?

DAMIS.

Oh ! je n'en vois aucun.

Cv

CRISPIN.

Bon! vous n'y penfez pas; moi, j'en vois cent pour un.
Il faut tout fimplement enlever Rofalie.
C'eft le plus court.

DAMISE.

Crifpin, quel excès de folie !
Crois-tu qu'elle y confente, & la connaîs-tu bien
Pour me parler ainfi ?

CRISPIN.

Je goutais ce moyen ;
Mais puifqu'il vous déplaît, il faut dans cette affaire
Recourir au plus fûr. J'irais trouver Valère,
Et je voudrais, morbleu, lui parler fur un ton
A lui faire ce foir défertet la maifon.

DAMIS.

Ce ferait en effet le parti le plus fage ;
Mais Cydalife.

CRISPIN.

Hé ! bien ?

DAMIS.

N'y verra qu'un outrage ;
Et c'eft précifément le moyen de l'aigrir,
Le fecret de me perdre, à n'en plus revenir.

CRISPIN.

Allons, c'eft donc à moi par une heureufe audace ;
D'éclairer Cydalife, & de donner la chaffe
A tous ces difcoureurs qui lui gâtent l'efprit.
Auprès d'elle, a mon tour, j'aurai quelque crédit,

Et pour peu que Marton seconde l'entreprise ,
A la raison bientôt vous la verrez soumise.

DAMIS, *avec joie d'abord.*

Ah! Crispin... mais comment s'en reposer sur toi ?

CRISPIN, *avec emphase.*

Je veux qu'elle balance entre Valère & moi.
Vous ne connaissez pas encor tout mon mérite ;
Vous voyez le Strabon d'un nouveau Démocrite.

DAMIS.

Toi?

CRISPIN.

Moi-même, Monsieur ; j'ai fait plus d'un métier :
Un Sage à ses travaux daigna m'associer ;
Et quelques jours mon nom eût été sur la liste ,
Du moins il m'en flattait , quand j'étais son Copiste.

DAMIS.

Comment ?

CRISPIN.

J'avais déjà quelques admirateurs ;
Ah! qu'il m'a fait de tort en fuyant les honneurs ,
Pour vivre dans les bois ! je lui dois la justice
Qu'il ne connut jamais la brigue , l'artifice.
De sa Philosophie il étoit entêté ,
Au fond plein de droiture & de sincérité.
Animal à la fois Misanthrope & Cynique ,
C'étoit vraiment un fou dans son espece unique.

DAMIS.

Ah ! puis-je l'écouter dans le trouble ou je suis ?

SCENE VII.

DAMIS, MARTON, CRISPIN.

MARTON.

ALLONS, Monfieur, il faut éclaircir ces ennuis;
Vîte, de la gaité.

DAMIS.

Comment ! Que veux-tu dire ?

MARTON.

Il faut d'abord, Monfieur, commencer par en rire.

CRISPIN.

Oui, rions, c'eft bien dit.

DAMIS.

Je fuis au défefpoir !

MARTON.

Bon ! Vous n'y penfez pas, & vous voyez trop noir

CRISPIN.

Mais je crois qu'en effet elle a quelque vertige.

MARTON.

Confolez-vous.

DAMIS.

Marton.....

MARTON.

Confolez-vous, vous dis-je.

DAMIS.

Qu'eft-il donc arrivé?

MARTON.

Vous l'apprendrez; venez.

Oui, je vous mets au rang des Amans fortunés.

ACTE III.

SCENE PREMIERE.

DAMIS, MARTON, CRISPIN.

DAMIS.

JE ne peux revenir encor de ma surprise !
C'est donc ainsi, Marton, qu'ils trom-
paient Cydalise ?

MARTON.

J'espère qu'à la fin elle entendra raison.

DAMIS.

Oh ! je n'en doute plus, ce billet est trop bon !
Que ne te dois-je pas pour cette découverte ?

MARTON.

L'heureux hazard, Monsieur, que cette porte ou-
verte !
Ma foi, je le guettais, & depuis fort longtems ;

J'avais toujours bien dit qu'il était de leurs gens.
Je l'aurais affirmé.

CRISPIN.

C'est Frontin qu'il se nomme :
A ce nom-là d'abord j'aurais reconnu l'homme.

MARTON.

Mais qui se chargera de rendre cet écrit ?

DAMIS.

Toi.

MARTON.

Moi ? je me perdrais, Monsieur, dans son esprit.
Je n'oserai jamais.

DAMIS.

Marton. . . . .

MARTON.

A ma Maîtresse,
Un billet de ce stile ! oh ! non : point de faiblesse ;
Il m'en coûterait trop.

DAMIS.

Mais . . . .

MARTON.

Propos superflus ;
Je ne le ferai pas.

DAMIS.

Ni moi.

CRISPIN.

Ni moi non plus.

MARTON.

C'eſt que d'ailleurs il faut le rendre en leur préſence.,
Ou nous ne tenons rien.

DAMIS.
Certainement.

CRISPIN.
Silence.

Cydaliſe, je crois, ne m'a jamais vû?

MARTON.
Non.

CRISPIN.

Et je ſuis inconnu dans toute la maiſon?

MARTON.
Oui.

CRISPIN.

Je veux à la fois m'introduire & lui plaire.
Donnez-moi ce billet, je prends ſur moi l'affaire.
Allez, Monſieur, allez, je ſaurai vous ſervir.

MARTON.

Mais vraiment j'entrevois qu'il pourra réuſſir.

CRISPIN.

Je ne veux que Marton pour prix de mes ſervices.
Que n'oſerai-je pas ſous de pareils auſpices?

MARTON.

On vient, c'eſt l'aſſemblée, éloignez-vous tous
    deux.

DAMIS.

Je me fie à tes soins du succès de mes vœux.

MARTON.

Hé ! vîte, éloignez-vous, de crainte de surprise.

SCENE II.

LES PHILOSOPHES, MARTON.

MARTON, *leur faisant une profonde révérence.*

JE vais vous annoncer, Messieurs, à Cydalise.

SCENE III.

LES PHILOSOPHES.

THÉOPHRASTE, *à Valere.*

HÉ ! bien, le mariage est enfin décidé ?

VALERE.

Oui, j'épouse ce soir. Le Notaire est mandé.

DORTIDIUS.

Parbleu, j'en suis ravi.

THÉOPHRASTE.

Que je t'en félicite !

DORTIDIUS.

Ma foi, cette fortune eft dûe à ton mérite.

THÉOPHRASTE.

Oui, malgré le dépit de tous les envieux.

DORTIDIUS.

Dans le fond, tu pouvais efpérer beaucoup mieux.

VALERE.

Meffieurs.

DORTIDIUS.

Non je le penfe, & c'eft fans flatterie.

VALERE.

Vous voulez ...

DORTIDIUS.

Nous favons honorer ton génie.

VALERE.

Ah ! tu me rends confus avec ces complimens.

DORTIDIUS.

Mais c'eft la vérité.

VALERE.

Si j'avais tes talens,
Si je réuniffais tes qualités fublimes,
Ces éloges alors deviendraient légitimes.

THÉOPHRASTE.

Et la future enfin confent donc ?

VALERE.

A regret;
Mais que me fait à moi fon déplaifir fecret ?

THÉOPHRASTE.
Sans doute, avec le tems tu la rendras docile.

DORTIDIUS.
Il faut que Rosalie ait le goût difficile.

VALERE.
Je ne sais quel Rival me dispute son cœur ;
Mais Cydalise au fond n'en a que plus d'ardeur.

DORTIDIUS, *en riant.*
Cydalise . . . conviens que la dupe est bien bonne.

VALERE.
Que mon hymen s'acheve, & je te l'abandonne.
Je mourais, si l'affaire eût traîné plus longtems,
Et jamais à ce point on n'excéda les gens.

DORTIDIUS.
Moi, ton hymen conclu, d'honneur, je me retire.

THÉOPHRASTE.
Ma foi, je quitte aussi ; le moyen d'y suffire !

(*A Valere.*)

Toi du moins, tu pouvais, animé par l'espoir,
Te faire une raison, t'ennuyer par devoir,
Et l'Amour . . .

VALERE, *riant.*
Oui, l'Amour ! c'est bien ce qui me tente !

DORTIDIUS.
Il épouse parbleu dix mille écus de rente.

VALERE, *à Théophraste.*
Quoi donc ! me trouves-tu le ton d'un Amoureux ?

Ce ferait à mon âge un ridicule affreux.
On revient aujourd'hui de cette erreur commune,
Et l'on songe au plaifir , mais après la fortune.

THE'OPHRASTE.

Il a vraiment raifon.

DORTIDIUS.

Je penfe comme lui.

VALERE.

Aurais-je fans cela pu fupporter l'ennui
Qui m'obfédait fans ceffe auprès de cette folle ?
Eût-elle été Venus , j'aurais quitté l'idole.
Oh ! je ne donne pas dans de pareils travers.

THE'OPHRASTE.

On devrait l'avertir de réformer fes airs ;
Elle était autrefois moins difficile à vivre ,
D'où vient qu'elle a changé ?

VALERE.

Mais c'eft depuis fon Livre.

THE'OPHRASTE.

Quoi ! férieufement le fait-elle imprimer ?

VALERE.

Oui.

THE'OPHRASTE.

Si l'on n'y met ordre , il faudra l'enfermer.

DORTIDIUS.

Sais-tu bien qu'au befoin ce trait pourrait fuffire ,
Si tu penfais jamais à la faire interdire.

THÉOPHRASTE.

Connais-tu son discours sur les devoirs des Rois ?

VALERE.

Ah ! ne m'en parle pas, je l'ai relu vingt fois ;
Il fallait, à toute heure, essuyer cet orage.

DORTIDIUS, *sérieusement.*

Entre nous, cependant, c'est son meilleur ouvrage.
Le crois-tu de sa main ?

VALERE.

Bon ! tu veux plaisanter.

DORTIDIUS, *toujours sérieusement.*

Non, d'honneur ; il me plaît.

VALERE.

Et tu peux t'en vanter !

DORTIDIUS.

Je te dis qu'il est bien ; mais très-bien.

VALERE.

Tu veux rire.
C'est une absurdité qui va jusqu'au délire.

DORTIDIUS.

Si j'en pensais ainsi, je le dirais très-bas.

VALERE.

Va, ton air férieux ne m'en impose pas.

DORTIDIUS, *fâché.*

Enfin, Monsieur décide, & chacun doit se taire.

VALERE.

Mais au ton que tu prends, je t'en croirais le pere.

DORTIDIUS.

Hé ! bien, s'il était vrai ...

VALERE.

Ma foi, tant pis pour toi.

DORTIDIUS, *plus fâché.*

Mais, mon petit Monſieur.

VALERE.

Je ſuis de bonne foi.

DORTIDIUS.

Je pourrais en venir à des vérités dures.

VALERE.

Toujours, quand on a tort, on en vient aux injures.

DORTIDIUS.

Vous me pouſſez à bout !

VALERE.

Et j'en ris, qui plus eſt.

DORTIDIUS, *furieux.*

Ah ! c'en eſt trop enfin.

THÉOPHRASTE.

Hé ! Meſſieurs, s'il vous plaît...

DORTIDIUS.

Plaiſant original, pour me rompre en viſiere !

THÉOPHRASTE, *ſe mettant entr'eux.*

Meſſieurs, n'imitons pas les pédans de Moliere.
Permettez-moi tous deux de vous mettre d'accord.

VALERE.

Moi, j'ai raiſon.

THÉOPHRASTE, *à Valere.*

Sans doute.

DORTIDIUS.

Et moi, je n'ai pas tort.

THÉOPHRASTE, *à Dortidius.*

Vraiment non. Mais enfin on pourrait vous entendre,
Et déja Cydalife aurait pu nous furprendre.

DORTIDIUS.

L'eftime qui toujours devrait nous animer . . . . .

THÉOPHRASTE.

Il n'eft pas queftion, Meffieurs, de s'eftimer ;
Nous nous connaiffons tous : mais du moins la
    prudence
Veut que de l'amitié nous gardions l'apparence.
C'eft par ces beaux dehors que nous en impofons,
Et nous fommes perdus, fi nous nous divifons.
Il faut bien fe paffer certaines bagatelles.
Tenez, on vient à nous. Oubliez vos querelles.

SCENE IV.

CYDALISE, LES PHILOSOPHES.

CYDALISE, *un Livre à la main.*

Pardon, fi j'ai tardé ; je m'occupais de vous,
Et ce font-là toujours mes momens les plus doux.

Asseyons-nous, Messieurs: Ah! vous voilà, Valere?
On vient de m'apporter le projet du Notaire ,
Vous en serez content.

VALERE.

Le plus cher de mes vœux,
Vous le savez, Madame, en formant ces beaux
    nœuds,
C'est d'affermir encor l'amitié qui nous lie.

CYDALISE.

Je vous dois le bonheur répandu sur ma vie,
Je m'acquite envers vous. Mais, Messieurs, à l'ins-
    tant
Vous parliez avec feu. Quel sujet important
Pouvait vout diviser? J'ai cru du moins entendre
Que l'on se disputait.

VALERE, *avec un peu d'embarras.*

Il est vrai.

CYDALISE.

Puis-je apprendre
Sur quoi vous dissertiez avec tant d'intérêt?

VALERE.

Puisqu'il faut l'avouer, vous en étiez l'objet,

CYDALISE.

Moi?

VALERE.

Vous. Cette chaleur en est le témoignage.

CYDALISE.

CYDALISE.

Quoi donc?

VALERE.

Ah! je ne puis en dire davantage.

Je ne sais point louer en présence des gens.
Parlez, Messieurs, parlez.

THÉOPHRASTE.

Tu permets?

VALERE.

J'y consens

THEOPHRASTE.

Dans les siecles passés on cherchait un génie,
Qu'on pût vous comparer. Je citais Aspasie,
Et Monsieur se fâchait de la comparaison.

VALERE.

Je la trouve choquante, & voici ma raison.
Aspasie autrefois pût briller dans Athene;
Mais la Philosophie y fleurissait à peine.
Tous les peuples frappés de son éclat nouveau,
Durent se prosterner autour de son berceau;
Tout fut surpris alors. Des talens ordinaires
Brillaient à peu de frais, dans ces siecles vulgares
Mais de nos jours l'esprit a fait tant de progrès;
Il est si difficile, après tant de succès,
De se mettre au niveau de ces hommes célebres,
Par qui la barbarie a vu fuir ses ténébres,
Que je ne puis souffrir, sans me mettre en courroux,
Que l'on balance encore entre Aspasie & vous.

(A Théophraste.) D

Comparez donc les tems, & voyez où vous êtes.

THÉOPHRASTE.

Mais les comparaisons ne font jamais parfaites.

VALERE.

Allons, vous aviez tort.

THÉOPHRASTE.

Je le fens, j'en rougis.

CYDALISE.

N'allez pas là-deffus demander mon avis ;
Je fais trop...

VALERE, *avec un ton de fentiment.*

Nous fav ons que vous êtes fublime.

DORTIDIUS.

Ce font nos fentimens ; mais comme il les exprime !
Il fçait tout embellir.

CYDALISE, *vivement.*

Ah ! c'eft la vérité.

VALERE, *lui baifant la main.*

Vous me pardonnez donc cette vivacité ?

CYDALISE.

Je devrais le gronder, fon efprit me défarme ;
On ne peut y tenir, *& je fuis fous le charme.* *

DORTIDIUS.

Perfonne ne fçait mieux fe rendre intéreffant.

VALERE.

Je vois que le génie eft toujours indulgent.

---

* Voyez *le Fils naturel* page 168 : je m'écriai prefque fans le vou-
loir, *il eft fous le charme.*

CYDALISE.

Monſieur Dortidius, dit-on quelques nouvelles ?

DORTIDIUS.

Je ne m'occupe point des Rois, de leurs querelles :
Que me fait le ſuccès d'un ſiége ou d'un combat ?
Je laiſſe à nos oiſifs ces affaires d'Etat.
Je m'embarraſſe peu du pays que j'habite,
Le véritable Sage eſt un Coſmopolite.

CYDALISE.

On tient à la Patrie, & c'eſt le ſeul lien...

DORTIDIUS.

Fi donc ! c'eſt ſe borner que d'être Citoyen.
Loin de ces grands revers qui déſolent le monde,
Le Sage vit chez lui dans une paix profonde ;
Il détourne les yeux de ces objets d'horreur ;
Il eſt ſon ſeul Monarque & ſon Légiſlateur ;
Rien ne peut altérer le bonheur de ſon être :
C'eſt aux Grands à calmer les troubles qu'ils font
    naître.

THÉOPHRASTE.

Il voit en philoſophe, & c'eſt voir comme il faut.

CYDALISE.

On ne trouve jamais ſon eſprit en défaut.

VALERE.

Madame, il a raiſon. L'eſprit philoſophique
Ne doit point déroger juſqu'à la politique.
Ces guerres, ces traités, tous ces riens importans,

S'enfoncent par dégrés dans l'abîme des tems.
Tout cela disparait au flambeau du génie,
Et si l'on peut parler sans fausse modestie,
Excepté vous, & nous, je ne découvre rien
Qui puisse être l'objet d'un honnête entretien.

CYDALISE.
Oui, véritablement, ce sont-là des misères.

THÉOPHRASTE.
Qu'il faut abandonner à des esprits vulgaires.

CYDALISE.
Je n'appellerai pas de votre autorité.
A propos, parle-t-on de quelque nouveauté ?

VALERE.
Nous n'en protégeons qu'une.

CYDALISE.
Un chef-d'œuvre, sans doute ?

VALERE.
C'est une découverte, une nouvelle route,
Que l'un de nous, Madame, entreprend de tracer ;
Un genre où le génie a de quoi s'exercer.

CYDALISE.
Une Tragédie ?

VALERE.
Oui, purement domestique, *
Comme nous les voulons.

CYDALISE.
Je craindrais la critique ;

* Voyez les Entretiens à la suite du *Fils naturel.*

Contre les nouveautés elle a toujours raison ;
Et le Public . . .

VALERE.

Vraiment, il décide en oison ;
Nous sçavons bien cela : mais nous ferons la guerre.

CYDALISE.

Je ne sçais, le vieux goût tient encore au Parterre.

VALERE.

Nous risquons, il est vrai, surtout les premiers jours ;
Mais nous ferons un bruit à rendre les gens sourds.
Nous avons des amis, qui de loges en loges,
Vont crier au miracle, & forcer les éloges ;
N'avons-nous pas d'ailleurs le succès des Soupés ?

CYDALISE.

Oui ; je n'y songeais pas, & vous me détrompez.

VALERE.

Nous avons tant de gens qui pour nous se dévouent,
Tant de petits Auteurs qui par orgueil nous louent,
Que je suis assuré qu'avec un peu d'encens,
Nous leur ferions à tous abjurer le bon sens.

THÉOPHRASTE.

Ha, ha, ha, ha, ha, ha, c'est la vérité pure.

VALERE.

Mais non, sans plaisanter, j'en ferais la gageure.

CYDALISE.

Et ce chef-d'œuvre enfin l'attendrons-nous longtems ?

VALERE.

Nous sommes occupés de soins plus importans.

CYDALISE.

Quoi donc?

VALERE.

Certain Auteur dans une Comédie
Veut, dit-on, nous jouer.

CYDALISE.

L'entreprise eft hardie.

DORTIDIUS, *avec feu.*

Nous jouer! Mais vraiment, c'eft un crime d'Etat;
Nous jouer!

VALERE.

Nous fçaurons parer cet attentat.

CYDALISE.

Ah! Le Public entier ...

DORTIDIUS.

Nous pourrions nous méprendre,
Nous l'avons mal méné; s'il allait nous le rendre ...

CYDALISE.

Ah! tous les Magiftrats éleveraient la voix.

THE'OPHRASTE.

Nous nous fommes brouillés avec ces gens de loix.

CYDALISE.

Mais la Cour ...

VALERE.

Ne prendra jamais notre querelle;
Nous en avons agi leftement avec elle.

DORTIDIUS.

Vous verrez qu'il faudra dire un mot à l'Auteur.

THE'OPHRASTE.

Oui, du moins on pourrait essayer s'il a peur.

VALERE.

Le pis aller, Messieurs, c'est d'attendre l'orage,

Jusques-là, diffamons & l'Auteur & l'Ouvrage;

Armons la main des sots pour nous venger de lui;

Portons des coups plus sûrs en nous servant d'autrui.

Ne peut-on pas gagner des Acteurs, des Actrices?

Nous aurons un parti jusques dans les coulisses.

Il faut de la cabale exciter les rumeurs,

Nous montrer, même en loge, aux yeux des specta-
     teurs.

Je connais le Public, nous n'avons qu'à paraître:

Il nous craint.

CYDALISE.

C'est bien dit: qui le brave est son maître.

Mais notre Colporteur tarde bien à venir.

Il devrait être ici: qui peut le retenir?

DORTIDIUS.

Peut-être qu'il attend.

CYDALISE.

Il faut qu'on l'avertisse.

THE'OPHRASTE.

Le voici justement.

SCENE VI.

CYDALISE, LES PHILOSOPHES, M. PROPICE.

CYDALISE.

ENTREZ, Monsieur Propice.
Avez-vous du nouveau ?

M. PROPICE.

Je ne cours pas après,
Madame. Avez-vous lû les *Bijoux indifcrets ?*
C'eft une gaillardife affez philofophique,
Du moins à ce qu'on dit.

CYDALISE.

L'idée en eft comique ;
Mais cela n'eft plus neuf.

M. PROPICE.

Cela fe vend toujours.

CYDALISE.

Paffons.

M. PROPICE.

Connaiffez-vous la *Lettre fur les fourds* ?

CYDALISE.

L'Auteur m'en fit préfent.

DORTIDIUS.

Tout fon mérite y brille.

M. PROPICE.

Vous ne voudriez pas du *Pere de famille* ?
Cela n'eft pas trop bon.

DORTIDIUS, *ironiquement*.

Vous vous y connaiſſez.

M. PROPICE.

Mais le Public le dit, & je l'en crois aſſez.
Pour *le Livre des mœurs*, je me ſouviens, Madame ;
De vous l'avoir vendu.

(*Il lit les titres.*)

Réfléxions ſur l'Ame.

CYDALISE.

Voyons. Je les connais. Eſt-ce tout ?

M. PROPICE.

Vraiment, non.

L'Interprétation de la nature.

CYDALISE.

Bon.

C'eft un Livre excellent !

DORTIDIUS.

Sublime !

THÉOPHRASTE.

Néceſſaire !

CYDALISE.

Je le garde ; quelqu'un m'a pris mon exemplaire.

D v

M. PROPICE.

Ceci, c'est le *Discours sur l'inégalité.*

CYDALISE, *le prenant.*

Ah! je vais le relire avec avidité.
Quel est cet autre écrit ... là ... que je vois en tête?

M. PROPICE.

Madame, ce n'est rien; c'est le *Petit Prophete.*

CYDALISE.

Ah! ah! Je m'en souviens; il est très-amusant.

M. PROPICE.

Qui, c'est un badinage infiniment plaisant.
N'attendez-vous plus rien de mon petit service?

CYDALISE.

Non. Je retiens ceci. Bon jour, Monsieur Propice.

SCENE VI.

CYDALISE, LES PHILOSOPHES.

CYDALISE.

AH! Je relirai donc mon Livre favori.

VALERE.

Quoi! *l'Inégalité?* C'est bien le mien aussi.

THÉOPHRASTE.

Ce Livre est un thrésor; il reduit tous les hommes
Au rang des animaux, & c'est ce que nous sommes.
L'homme s'est fait esclave en se donnant des loix,

Et tout n'irait que mieux s'il vivait dans les bois.

CYDALISE.

Pour moi, je goûterais une volupté pure
A nous voir tous rentrer dans l'état de nature.

THE'OPHRASTE.

Les esprits dans l'erreur sont encor trop plongés,
Et l'on est retenu par tant de préjugés... !
Il est tant de sçavans qui n'en ont pas l'étoffe......!

CYDALISE.

Mais que nous veut Marton?

SCENE VIII.

CYDALISE, MARTON, LES PHILOSOPHES.

MARTON.

Madame, un Philosophe
Demande à vous parler.

CYDALISE.

Il se nomme?

MARTON.

Crispin.

CYDALISE.

Le nom est singulier.

D vj

DORTIDIUS.

Oui, parbleu !

CYDALISE.

Mais enfin.

Les noms ne prouvent rien : ah ! Ciel ! quelle
surprise !

SCENE IX.

**CYDALISE, LES PHILOSOPHES,
MARTON, CRISPIN.**

CRISPIN, *allant à quatre pattes.*

Madame, elle n'a rien dont je me formalise.
Je ne me régle plus sur les opinions,
Et c'est-là l'heureux fruit de mes réflexions.
Pour la Philosophie un goût à qui tout céde.
M'a fait choisir exprès l'état de quadrupéde :
Sur ces quatre piliers mon corps se soutient mieux,
Et je vois moins de sots qui me blessent les yeux.

CYDALISE, *à Valere.*

Il est original du moins dans son systême.

VALERE.

Mais il est fort plaisant.

MARTON.

Moi, je sens que je l'aime

CRISPIN.

En nous civilifant, nous avons tout perdu,
La fanté, le bonheur, & même la vertu.
Je me renferme donc dans la vie animale ;
Vous voyez ma cuifine, elle eft fimple & frugale. *
On ne peut, il eft vrai, fe contenter à moins ;
Mais j'ai fû m'enrichir en perdant des befoins.
La fortune autrefois me paraiffait injufte ;
Et je fuis devenu plus heureux, plus robufte
Que tous ces Courtifans dans le luxe amollis,
Dont les femmes enfin connaiffent tout le prix.
Prévenu de l'accueil que vous faites aux Sages,
Madame, je venais vous rendre mes hommages,
Inviter ces Meffieurs, peut-être à m'imiter,
Du moins fi mon exemple a de quoi les tenter.

CYDALISE.

Sçavez vous qu'on démêle, à travers fa folie,
De l'efprit ?

DORTIDIUS.

Mais beaucoup.

MARTON.

Je dirais du génie ;
Et jamais Philofophe à ce point ne m'a plu.

THÉOPHRASTE.

C'eft ce que nous cherchions ; un homme con-
vaincu,
Qui plein de fon fyftême, & bravant la critique,

* Il tire une Laitue de fa poche.

Aux spéculations veut joindre la pratique.
CYDALISE.
Dans le fond, ce ferait un homme à respecter ;
Mais par les préjugés on se sent arrêter.
CRISPIN.
Ma résolution peut vous sembler bizarre.
CYDALISE.
Vous donnez, à vrai dire, un exemple bien rare ;
Mais votre empressement ne peut qu'être flatteur ;
Vous êtes Philosophe, & même à la rigueur.
CRISPIN.
Je me suis interdit de consulter les modes,
J'ai cru que des habits devaient être commodes,
Et rien de plus. Encor dans un climat bien chaud...
THÉOPHRASTE.
On juge ici, Monsieur, l'homme par ce qu'il vaut,
Et non par les habits.
CRISPIN.
C'est penser en vrai Sage.
CYDALISE.
Mais qui peut nous venir ?

SCENE X.

M. CARONDAS, CYDALISE,
LES PHILOSOPHES, CRISPIN,
MARTON.

M. CARONDAS, *fixant beaucoup Crispin & marquant de l'embarras.*

J'AI rempli mon meſſage,
Madame ..... & le Notaire.... arrive en un moment.
CYDALISE.
Qu'avés vous ?
M. CARONDAS, *montrant Crispin qui ſe cache un peu derriere Cydaliſe.*
Quel eſt donc cet animal plaiſant ?
CYDALISE.
C'eſt un grand Philoſophe, il ſera de la fête.
CRISPIN.
En vérité ... Madame ...
M. CARONDAS, *à Valere.*
Ah ! la maudite bête !
Nous ſommes découverts.
VALERE.
Hé ! comment ?

M. CARONDAS.

C'est Crispin ;

Le valet de Damis.

CRISPIN, *se relevant,*

Hé! oui, M. Frontin:

Parlez haut; oui, c'est lui.

CYDALISE.

Quel est donc ce mistére?

CRISPIN, *en montrant Valere.*

Le valet de Monsieur est votre Sécretaire,

Et je me suis servi de ce déguisement,

Pour remettre en vos mains un billet important,

(*Montrant M. Carondas*)

Surpris chez ce fripon.

CYDALISE, *ouvrant le billet,*

Je connais l'Ecriture ;

(*A Valere.*)

C'est la vôtre, Monsieur.

CRISPIN.

Lisez, je vous conjure.

VALERE, *aux Philosophes.*

Ah! nous sommes perdus!

CYDALISE *lit haut, mais d'une voix altérée, & qui s'affaiblit peu à peu.*

»JE te renvoye, mon cher Frontin, ce recueil d'imperti-
» nences que Cydalise appelle son Livre. Continue de flatter
» cette folle, à qui ton nom savant en impose. Théophraste »

» *& Dortidius viennent de me communiquer un projet ex-*
» *cellent qui achevera de lui tourner la tête, & pour le*
» *succès duquel tu nous seras nécessaire. Ses Ridicules, ses*
» *travers, ses* . . . . .

CRISPIN.
Elle baisse la voix,
Et n'ira pas plus loin, à ce que je prévois.
M. CARONDAS.
Ah ! traître de Crispin !
DORTIDIUS, *à Valere.*
L'aventure est fâcheuse,
Mais nous y sommes faits.
VALERE, *bas.*
Quelle disgrace affreuse !
Que lui dire ? Sortons.
CYDALISE.
Lisez, Monsieur, lisez ;
Et justifiez-vous après, si vous l'osez.
De vos séductions j'étais donc la victime !
Et mes yeux sont ouverts sur le bord de l'abîme !
Que vous avais-je fait pour me traiter ainsi ?
Allez, & de vos jours ne paraissez ici.
Votre confusion suffit à ma vengeance.
Ingrats ; d'autres peut-être auront moins d'indul-
gence.
C'est le dernier espoir de mon cœur outragé :

VALERE, *furieux.*

Ah! malheureux !

M. CARONDAS.

Voilà notre congé.

(*Ils sortent.*)

CYDALISE.

Les cruels, à quel point ils m'avaient prévenue !

SCENE DERNIERE.

DAMIS, ROSALIE , CYDALISE MARTON, CRISPIN.

CYDALISE.

VENEZ, Damis, venez, je sens que votre vûe
Me rappelle l'excès de mon aveuglement.

DAMIS.

Les voilà démasqués , l'erreur n'a qu'un moment.
Ils sont assez punis de n'être plus à craindre ,
Et ce n'est plus à vous , Madame, de vous plaindre.

CYDALISE.

A ces homme pervers j'avais sacrifié
Les devoirs les plus saints , & même l'amitié.
Vous êtes bien vengé ! Ma chère Rosalie ,
Je reconnais mes torts , que ton cœur les oublie ;
Je les répare tous en te donnant Damis.

DAMIS.

Vous trouverez en moi les sentimens d'un fils.

ROSALIE.

Tous mes vœux sont remplis, le Ciel me rend ma
mere.

CRISPIN.

Moi, j'époufe Marton pour terminer l'affaire.

MARTON, *au Public.*

Des fages de nos jours nous diftinguons les traits:
Nous démafquons les faux, & refpectons les vrais.

FIN.

J'AI lû par l'ordre de Monfeigneur le Chan-
celier *Les Philofophes*, *Comédie* ; je crois
que l'on peut en permettre l'impreffion. A Paris, ce 10 Mai 1760. CREBILLON.

Le Privilége & l'enregiftrement fe trouvent au
Nouveau Recueil des Piéces de Théâtre François
& Italien.

PIECES ANCIENNES DETACHÉES.

ANDROMAQUE, Tragédie.
Ariane, Tragédie.
Athalie, Tragédie sainte.
Catilina, Tragédie.
Cinna, Tragédie.
Electre, *de Crébillon.*
Electre, *de Longepierre.*
Esther, Tragédie.

Iphigénie, Tragédie.
Manlius, Tragédie.
Médée, *de Longepierre*, Tragéd.
Pénélope.
Polieucte, Tragédie sainte.
Pirrus, *de Crébillon.*
Rhadamiste & Zénobie.
Rodogune, Tragédie.

Comédies par Assortimens.

AVEUGLE clair-voyant.
Amour Médecin.
Andrienne, Comédie.
Bon Soldat.
Comédie sans titre, ou le Mercure.
Coupe enchantée.
Cocher, Comédie.
Cocu imaginaire.
Crispin, Médecin.
Deuil, Comédie.
Epreuve réciproque.
Esope à la Cour.
Esope à la Ville.
Esprit follet.
Faucon, Comédie.
Femmes sçavantes.
Femme Juge & Partie.

Galand Coureur.
Galand Jardinier.
Homme à bonnes fortunes.
Joueur, *de Regnard.*
Mari, retrouvé.
Mere Coquette.
Le Méchant, Comédie.
Médée & Jason, Parodie.
Muet, Comédie.
Nouveauté, Comédie.
Le Nouveau Monde.
Retour imprévu.
Sicilien ou l'Amour Peintre.
Trois Cousines.
Turcaret, Comédie.
Venceslas, Comédie.
Vendanges de Surennes.

On trouve chez le même Libraire un Assortiment général de tous les Théâtres & Piéces détachées, tant anciennes que nouvelles, avec leurs Divertissemens, & plusieurs Livres d'assortimens anciens & nouveaux, tant de Paris que des Pays Etrangers, & plusieurs Livres de Musique relatifs aux Pieces de Théâtres, &c.

CATALOGUE DES THEATRES

Nouveaux ou nouvellement réimprimés en 1760.

Qui se trouvent chez DUCHESNE, Libraire, Rue S. Jacques.

ŒUvres de Piron, 3 vol *in-12.* belles figures, dont les desseins sont de M. Cochin.   9 l.

Œuvres de Boissi, *in-8.* 9 vol. nouvelle édition,   36 l.

De Marivaux, Théâtre Franç. & Ital. *in-12* 5. vol. 15 l.

Théâtre édifiant, ou Tragédies saintes de M. Duché. 3 l.

Théâtre, & autres Œuvres de Fagan, *in-12.* 4. vol. 10 l.

Théâtre de V ***, *in-12.*   3 l.

Théâtre de la Grange, *in-8.*   3 l. 10 s.

Théâtre de Romagnesi, & Riccoboni, 1 vol. *in-8.* 4 l. 10 s.

Théâtre d'Avisse, *in-8.* 1 vol.   3 l. 10 s.

Théâtre de Guyot de Merville, *in-8.* 1 vol   4 l. 10 s.

Théâtre de Pesselier, *in-8* 1 vol.   4 l. 10 s.

Théâtre de l'Affichard, *in-8.* 1 vol.   4 l. 10 s.

Théâtre & Œuvres de M. Favart, avec toutes les Musique, 6 vol. *in-8.*   30 l.

Le Recueil des Airs des Nymphes de Diane, d'Acajou & de Cythere assiégée, dn même Auteur, 1 vol. *in-8.* 6

Œuvres de Vadé, ou Recueil des Opéra Comiques & Parodies, avec les airs notés, 4 vol *in 8.*   20 l.

Nouveau Théâtre de la Foire ou recueil de Piéces qui ont été représentées sur le Théâtre de l'Opera-Comique depuis son rétablissement, 4 vol. *in-8.* avec les air notés.   20 l.

Nouveau Théâtre François & Italien, ou Recueil des meilleures Pieces de différens Auteurs, représentées depuis quelques années, 4 vol. *in-8.*

Choix de nouvelles Pieces qui ont été représeetées aux Théâtres François & Italien depuis quelques années, 6 vol. *in-12.*   18 l.

Le Théâtre d'Apostolo Zeno, traduit de l'Italien 2 vol. *in-12.* 1758.   5 l.

Théâtre Bourgeois, ou Recueil de pieces représentées sur des Théâtres particuliers, *in-12.*   3 l.

Théâtre de Campagne, ou les Débauches de l'esprit, 1 vol *in-8.*   4 l. 10 s.

Théâtre Anglois Comique, *sous presse.*

Théâtre de Rotrou, *sous presse.*

Théâtre de Pelegrin, *sous presse.*

Les Spectacles de Paris, ou le Calendrier Historique & Cronologique de tous les Théâtres, neuvieme Partie pour 1760. Chaque Partie se vend séparément.   1 l. 4 s.

Histoire du Théâtre de l'Académie Royale de Musique en France, depuis son établissement jusqu'à présent, nouvelle édition considérablement augmentée 1 vol *in-8.* 1757.   5 l.

Le Troc, Parodie des Troqueurs, avec toute la Musique. 3 l. 12 s.
Airs choisis des Troqueurs, 1 l. 4 s.
La Musi ue de la Pipée. 1 l. 10 s.
Ariettes du Medecin d'Amour. 2 l. 8 s.
Ariettes de l'heureux déguisement. 2 l. 8 s.
Ariettes de la Bohemienne de la Coméd. Ital. 2 parties. 3 l. 12 s.
Airs choisis de la Bohemienne de l'Opéra Comique, 1 l. 4 s.
Ariettes du Chinois. 2 l. 8 s.
La Musique de la Fille mal gardée. 1 l. 16 s.
Vaudevilles & Ariettes des Indes dansantes. 1 l. 4 s.
Vaudevilles & Ariettes de Raton & Rosette. 1 l. 10 s.
Vaudevilles d'Omphale, & de Bastien & Bastienne. 1 l. 4 s.
Ariettes de Ninette à la Cour, 4 parties. 6 l. 18 s.
Ariettes de Blaise le Savetier. 1 l. 4 s.
Musique de la soirée des Boulevards. 1 l. 4 s.
Ariettes de l'Yvrogne corrigé, 1 l. 4 s.
Les Vaudevilles & Ariettes du Ballet des Savoyards. 1 l. 4 s.
Musique des Airs d'Acajou, avec le Trio. 2 l. 8 s.
Musique des Nymphes de Diane. 2 l. 8 s.
Musique de Cythere Assiégée. 1 l. 16 s.
Le Recueil de Chansons de M. Vadé, Notées 1 l. 4 s.
Les Desserts des petits Soupers agréables, avec le Postillon sans chagrin. 1 l. 4 s.
Menuets nouveaux en Concerto, Contre-Danses. 4 parties. 1 l. 12 s.
Les Loix de l'Amour, ou Recueil de différents Airs, 3 parties. 3 l. 16 s.
Amusemens en Duo, pour les Vielles, Musettes, Hautbois, Violons, Flutes, 6 parties. 7 l. 4 s.
Cantatille nouvelle des Talens à la mode, de M. de Boissi. 1 l. 4 s.
Choix de différents morceaux da Musique, 2 parties. 2 l. 8 s.
La Folie du jour, ou les Portraits à la mode, 12 s.
L'Yvrogne corrigé, par M. de la Ruette, avec la partition, *in-folio.* 9 l.
Le volume se vend 12 livres, & le cahier 24 sols ; le tout séparément.

Les Enforcelés, ou Jeannot & Jeannette.
La Nôce interrompue.
La Fille mal gardée, Parodie.
Ariettes de la Fille mal gardée.
La foirée des Boulevards.
La Mufique de la Soirée.
Petrine, Parodie de Proferpine.
Pieces de l'Opéra-Comique,
La Servante juftifiée.
Les Bartéliers de S. Cloud.
La Coquette fans le fçavoir.]
Théfée, Parodie.
Cythere affitgée.
Mufique de Cythere affiégée.
L'Amour au Village.
Les jeunes Mariés.
Des Nymphes de Diane.
Mufique des Nymphes de Diane.
L'Amour impromptu, Parodie.
Le Mariage par efcalade.
La répétition interrompue. Op. Comique.
Don Quichote, Opéra.
La Coquette Trompée, Opéra.
Le Retour de l'Opéra Comique.
Le Départ de l'Opéra-Comique.
Le Bal Bourgeois.
La reffource des Théâtres.
De M. VADE.
La Fileufe, Parodie.
Le Poirier, Opéra Comique.

Le Bouquet du Roi.
Le Suffifant.
Les Troqueurs & le Rien, Parodie.
Airs choifis des Troqueurs.
Le Trompeur trompé.
Il étoit tems, Parodie.
La Nouvelle Baftienne, avec la Fontaine de Jouvence.
Les Troyennes de Champagne.
Jerôme & Fanchonnette, Paftor.
Le Confident heureux.
Follette ou l'Enfant gâté.
Nicaife, Opéra Comique.
Les Racoleurs, Opéra Comique.
L'Impromptu du cœur.
Le mauvais Plaifant, Opéra C.
La Canadienne, Comédie.
La Pipe caffée, Poëme.
Les Bouquets Poiffards.
Les Lettres de la Grenouillere.
Œuvres poftumes, faifant le Tome quatriéme, contenant les Amans conftans jufqu'aux trépas, des Fables & Contes, des Chanfons avec la Mufique, &c.
La Veuve Indécife, Opéra-Com.
La Folle raifonnable, Opéra C.
Le Serment inutile, Comédie.
Le Faux ami, Comédie.
Le Dupe de fa Rufe, Comédie.

OUVRAGE PÉRIODIQUE.

LE *Confervateur, ou Collection de Morceaux rares, & d'Ouvrages anciens & modernes, imprimés, ou manufcrits, élagués, traduits & refaits en tout ou en partie. 14 volumes in-12. pour la foufcription 24 livres, & pour le port de ceux qui font envoyés en Province à raifon de 6 fols par volume.*

Les volumes fe vendent féparément aux perfonnes qui n'ont pas foufcrit, 2 livres. Le volume de Mai vient de paroître avec beaucoup de fuccès.

Epigramme

Sur la comedie des philosophes

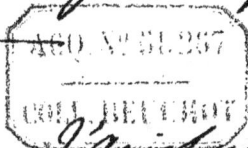

Un petit grec singe d'Aristophane

veut l'imiter dans ses emportemens:

le Roquet mord, et de sa dent profane

va dechirant et sages et sçavans:

Enfin le nain compose et fait un drame

fruit avorté du cerveau de Calot

la cour, dit-on, protege le marmot

D'où vient cela je demêle la trame

c'est que l'auteur a coup sûr est un sot.

M. Palinot s'est proposé pour
but en faisant sa pièce des philosophes, de rendre Odieux M. M. de
Montesquieu, Voltaire, Diderot
Duclos, Dalembert, le c.te de
Lauragais, Helvetius, Grymm,
Buffon, m.de Geoffrin, Rousseau
de genève, Toussaint; et en général
les gens de Lettres qui travaillent
a l'encyclopédie.

M.de Geoffrin est sous le nom de
Cydalise.

On a obligé Palinot a supprimer
plusieurs vers diffamants de sa
pièce./.———————